LA GUERRA CIVIL

MANUEL CHAVES NOGALES

LA GUERRA CIVIL

ARTÍCULOS ESCOGIDOS

PÁGINA INDÓMITA

© de la presente edición, PÁGINA INDÓMITA, S.L.U.
Providencia 114 bis, 4º 4ª. 08024 Barcelona
www.paginaindomita.com

Diseño de cubierta y composición: Ángel Uzkiano
Imagen de cubierta: Civiles supervivientes de la masacre
de la carretera Málaga-Almería, febrero de 1937
(fotografía de Gerda Taro)
Impresión y encuadernación: Romanyà Valls
Primera edición: noviembre de 2025

ISBN: 978-84-129857-9-5
Depósito legal: C-1384-2025

ÍNDICE

PRÓLOGO DEL EDITOR

Cuando en julio de 1936 tiene lugar el golpe de Estado que desencadena la Guerra Civil, Manuel Chaves Nogales se halla al frente del periódico *Ahora*, del que es redactor jefe y subdirector desde comienzos de la década. Días después del estallido de la contienda, el periódico queda en manos de un Consejo Obrero, y nuestro autor, «liberal, ciudadano de una república democrática y parlamentaria», «antifascista y antirrevolucionario por temperamento»,[1] se ve convertido entonces en el «camarada director». Así lo cuenta él mismo en el célebre prólogo de *A sangre y fuego:*

> Cuando estalló la guerra civil, me quedé en mi puesto cumpliendo mi deber profesional. Un consejo obrero, formado por delegados de los talleres, desposeyó al propietario de la empresa periodística en que yo traba-

---

1. De ese modo se definirá el propio autor poco después. Véase M. Chaves Nogales, «Prólogo», en *A sangre y fuego. Héroes, bestias y mártires de España* (1937), Página Indómita, Barcelona, 2025, pp. 13-14.

jaba y se atribuyó sus funciones. Yo, que no había sido en mi vida revolucionario, ni tengo ninguna simpatía por la dictadura del proletariado, me encontré en pleno régimen soviético. Me puse entonces al servicio de los obreros como antes lo había estado a las órdenes del capitalista, es decir, siendo leal con ellos y conmigo mismo. Hice constar mi falta de convicción revolucionaria y mi protesta contra todas las dictaduras, incluso la del proletariado, y me comprometí únicamente a defender la causa del pueblo contra el fascismo y los militares sublevados. Me convertí en el «camarada director», y puedo decir que durante los meses de guerra que estuve en Madrid, al frente de un periódico gubernamental que llegó a alcanzar la máxima tirada de la prensa republicana, nadie me molestó por mi falta de espíritu revolucionario, ni por mi condición de «pequeño burgués liberal», de la que no renegué jamás.

Vi entonces convertirse en comunistas fervorosos a muchos reaccionarios y en anarquistas terribles a muchos burgueses acomodados. La guerra y el miedo lo justificaban todo.

Hombro a hombro, con los revolucionarios, yo que no lo era, luché contra el fascismo con el arma de mi oficio. No me acusa la conciencia de ninguna apostasía. Cuando no estuve conforme con ellos, me dejaron ir en paz.[2]

2. *Ibid.*, p. 15.

Chaves Nogales permanece en su puesto hasta el mes de noviembre, cuando, ante el avance de las tropas franquistas hacia la capital, el gobierno de la República se traslada de Madrid a Valencia:

> Me fui cuando tuve la íntima convicción de que todo estaba perdido y ya no había nada que salvar, cuando el terror no me dejaba vivir y la sangre me ahogaba. ¡Cuidado! En mi deserción pesaba tanto la sangre derramada por las cuadrillas de asesinos que ejercían el terror rojo en Madrid como la que vertían los aviones de Franco, asesinando a mujeres y niños inocentes. Y tanto o más miedo tenía a la barbarie de los moros, los bandidos del Tercio y los asesinos de la Falange que a la de los analfabetos anarquistas o comunistas.
>
> [...]
>
> Cuando el Gobierno de la República abandonó su puesto y se marchó a Valencia, abandoné yo el mío. Ni una hora antes ni una hora después. Mi condición de ciudadano de la República Española no me obligaba a más ni a menos.[3]

El autor sale de España con su familia ese mismo mes de noviembre, y ya nunca volverá al país:

---

3. *Ibid.*, pp. 15-16.

[A]nduve errante por la España gubernamental confundido con aquellas masas de pobres gentes arrancadas de su hogar y su labor por el ventarrón de la guerra. Me expatrié cuando me convencí de que nada que no fuese ayudar a la guerra misma podía hacerse ya en España.

Caí, naturalmente, en un arrabal de París, que es donde caen todos los residuos de humanidad que la monstruosa edificación de los Estados totalitarios va dejando. Aquí, en este hotelito humilde de un arrabal parisiense, viven mal y esperan a morirse los más diversos especímenes de la vieja Europa, popes rusos, judíos alemanes, revolucionarios italianos..., gente toda con un aire triste y un carácter agrio que se afana por conseguir lo inasequible: una patria de elección, una nueva ciudadanía. No quiero sumarme a esta legión triste de los «desarraigados» y, aunque sienta como una afrenta el hecho de ser español, me esfuerzo en mantener una ciudadanía española puramente espiritual, de la que ni blancos ni rojos puedan desposeerme.[4]

En Francia, Chaves Nogales prosigue su labor como periodista, colaborando con la Agencia Havas y con periódicos franceses, como *L'Europe Nouvelle* y *La Dépêche,* británicos y estadounidenses, como el *Evening Standard* y el *New York Herald Tribune,* e hispanoamericanos, como el argentino *La Nación,* el cubano *Diario*

4. *Ibid.,* p. 18.

de la Marina y la revista *Bohemia,* también cubana. El autor permanecerá en el país hasta 1940, cuando tiene lugar la invasión alemana y, con la Gestapo pisándole los talones,[5] ha de exiliarse de nuevo, esta vez en Inglaterra. Allí, al frente de la Atlantic Pacific Press Agency y en colaboraciones con el servicio latinoamericano de la BBC y con el Ministerio de Información británico, continúa ejerciendo el periodismo hasta su fallecimiento en 1944.

Los artículos que componen esta antología sobre la Guerra Civil que aquí ofrecemos al lector fueron escritos entre 1936 y 1943. Ya antes de su salida de España, Chaves Nogales había comenzado a publicar en la prensa extranjera sus textos sobre la contienda —tal es el caso del primer artículo aquí incluido, que vio la luz en el periódico argentino *La Nación*—, y, una vez expatriado, publicaría una gran cantidad de piezas sobre el asunto en los medios hispanoamericanos, franceses, británicos y estadounidenses recién mencionados. En lo que atañe a lo publicado en la prensa no hispanoamericana,

5. Chaves Nogales estaba en la lista negra de la Gestapo desde que en 1933 había entrevistado a Joseph Goebbels. Véase M. Chaves Nogales, «¿Habrá fascismo en España? Entrevista a Joseph Goebbels», en *Crónicas de la Alemania nazi. Cómo se vive en los países de régimen fascista* (1933), Página Indómita, Barcelona, 2025, pp. 63-66. Sobre su experiencia en Francia, véase M. Chaves Nogales, *La agonía de Francia* (1941), Página Indómita, Barcelona, 2025.

es decir, en francés e inglés, dado que el autor no dominaba estas lenguas, escribía en español los artículos, que después eran traducidos anónimamente por amigos y colaboradores, como Luis de Baeza. Y, lamentablemente, no se conservan los originales de esos escritos, de modo que publicarlos hoy en día en castellano implica traducir a nuestra lengua un texto en francés o inglés que es a su vez una traducción de un original, insistimos, desconocido. Es por ello que en la presente antología hemos optado por prescindir de esos textos y ofrecer una selección de los que, hasta la fecha, vienen considerándose artículos originales, esto es, aquellos que se conservan en su versión original en castellano, tal como fueron publicados en su día. La fecha exacta de su publicación y el medio escrito en el que aparecieron se indican al comienzo de cada uno de los artículos.

LA GUERRA CIVIL

LO QUE PASA
EN ESPAÑA Y LO QUE PASARÁ
La Nación, 8 de agosto de 1936

Es difícil dar al mundo una explicación satisfactoria y profunda de lo que en estos momentos está pasando en España. Comunismo contra fascismo, dicen los espíritus más simplistas y elementales. Bárbaras y primitivas contiendas interiores de un país tan atrasado políticamente como Albania, decía días atrás uno de los órganos en la prensa londinense, de Lord Rothermere. Una revolución original que alumbrará nuevos caminos a la humanidad, afirman por el contrario los entusiastas de la República española. Ni lo uno ni lo otro. Ni comunismo ni fascismo. Ni en la barbarie ni en la vanguardia de la civilización. La cosa no es tan simple.

El Frente Popular en el poder

Sorprendidas las clases conservadoras por el triunfo electoral del Frente Popular en febrero pasado, tuvieron que ceder el puesto al señor Azaña y abandonaron definitivamente la ilusión de adueñarse subrepticiamente de la República. Gil-Robles, que había dirigido la coalición reaccionaria, se hundía rápidamente en el descrédito mientras se levantaba otra figura de tipo ya francamente dictatorial y fascista: Calvo Sotelo.

En torno a Calvo Sotelo se iban agrupando todos los núcleos reaccionarios del país, la fauna residual de la Monarquía, los propietarios de la tierra, los grandes capitalistas, las juventudes ideológicamente conservadoras, las falanges miméticamente fascistas de Primo de Rivera y los oficiales del ejército irritados y perjudicados por la política militar de Azaña. A todas estas fuerzas les dio Calvo Sotelo después de la derrota de Gil-Robles una orientación francamente subversiva con sus constantes apelaciones a la violencia en pleno parlamento.

Frente a las milicias socialistas que se organizaban y armaban rápidamente con el designio de convertirse en el brazo armado de la República por desconfianza de la lealtad para con el régimen del ejército, las derechas españolas reaccionaron de manera violenta y subversiva. A las organizaciones de las milicias contestaba el fascismo asesinando a los oficiales republicanos y socialistas que se prestaban a instruirlas.

Durante los dos últimos meses los atentados estuvieron a la orden del día. Hoy caía un socialista, mañana un fascista. El gobierno republicano presidía impotente este duelo a muerte entre sus aliados del Frente Popular y sus irreductibles adversarios, limitándose a aplicar el herrumbroso aparato judicial y condenar verbalmente la violencia, pero sin atreverse a emplearla, única manera eficaz de impedirla. Esto es culpa o mérito de un solo hombre: Azaña.

Durante las últimas semanas, Azaña ha visto cómo la violencia se desataba en España y, estando en su mano impedirlo, no lo ha hecho. ¿Por qué? Por una lealtad a sus convicciones y a un prurito típicamente intelectual de sujetar la realidad al sistema ideológico previamente elaborado que le impedían convertirse en un dictador. Azaña hubiera podido ser el dictador de España: lo sería ahora mismo si quisiera. Desde la derecha y desde la izquierda se lo han pedido una vez y otra, se lo han exigido casi, lo mismo sus correligionarios que sus adversarios. Cualquier otro hombre hubiese convertido el Frente Popular en una dictadura de izquierda. Azaña no ha querido.

El general Franco y los militares

En estas circunstancias los fascistas asesinan a un oficial de guardias de asalto, y pocas horas después, en represalia, es asesinado por unos guardias de asalto, instructores de las milicias socialistas, el señor Calvo Sotelo. Estos hechos precipitan los acontecimientos. El movimiento insurreccional que las derechas venían preparando cautamente, y del que unos días antes se había hecho caudillo al propio Calvo Sotelo, estalla de manera prematura. El gobierno advierte súbitamente que el país está en manos de los revolucionarios y paga su imprevisión dimitiendo. Azaña, presidente de la República, tiene que afrontar personalmente la situación creada. Designa para la presidencia del Consejo a un hombre de su absoluta confianza, el señor Giral, y se dispone a dar la batalla. ¿Con qué cuenta? Con nada. Absolutamente nada. Unas embrionarias milicias socialistas, la problemática fidelidad de la Guardia Civil y unas compañías de guardias de asalto. Todo lo demás está en poder de los revolucionarios ¿Cómo ha sido posible esto?

Es la obra de un solo hombre, de una sola cabeza: el general Franco. Es éste el general más joven del ejército español, el más prestigioso e inteligente. Sus indiscutibles talentos estratégicos han estado a punto de convertir en un hecho real la monstruosidad de que un país de veinticinco millones de habitantes quedase encadenado a la voluntad despótica de unos millares de hombres resueltos a convertir en ley su capricho, su resentimiento y su incapacidad para comprender los problemas políticos, sociales y económicos de esta hora. El golpe asestado por el general Franco a la República ha sido tan certero y audaz que contra toda lógica ha podido torcer el curso de la Historia. Técnicamente ha sido irreprochable. Franco había ido distribuyendo cautamente sus peones por el mapa militar de España y en un momento dado dejó inermes e inmovilizados a los gobernantes de la República. Su maniobra era perfecta. Dueño del ejército de África, ha sabido presentar dos frentes de batalla a la República, uno en el norte a base del irreductible tradicionalismo navarro y otro en el sur a base del naciente fascismo de los señoritos andaluces. Estos dos grupos de insurrección popular debían irse corriendo a lo largo de la frontera portuguesa con el auxilio de la dictadura del país vecino y la incorporación de los monárquicos españoles emigrados. Unas compañías de tropas coloniales que se apoderasen por sorpresa de Málaga y Cádiz bastaban para poner en marcha la insurrección. Al mismo tiempo que se producían estos movimientos estratégicos de las únicas masas civiles con que contaba el general Franco, debía operarse la paralización casi automática de los centros militares, para lo cual tenía asegurada la adhesión de la UME (Unión Militar Española), es decir, la oficialidad del ejército juramentado por espíritu de clase para oponerse con las armas en la mano a que España sea un país gobernado con un sentido izquierdista. Dígase lo que se quiera sobre las fuerzas que verdaderamente han tomado parte activa en la revolución, aunque se habla, y no sin fundamento, de las fuerzas socialmente conservadoras, del capitalismo, de la religión y aun de la mesocracia. La verdad, la pura verdad, es que todas estas fuerzas no han hecho más que apoyar cautelosamente el movimiento militar, verlo con simpatía, proporcionarle dinero y algunos —no demasiados— combatientes. La revolución ha sido casi exclusivamente militar. La oficialidad del ejército ha creído posible decidir la suerte de España por sí y ante sí.

Había que contar con el pueblo

Afortunadamente, el pueblo cuenta todavía. Los oficiales de la UME, y las organizaciones fascistas que la secundaron, lo desdeñaron, y cuando se creían dueños del aparato de fuerza del país, se encontraron con que no bastaba. Lo tienen todo menos el pueblo. El gobierno republicano, al que habían dejado inerme, contaba en cambio con el pueblo. ¿Qué significaba para la lucha este apoyo popular? Poco; unos millares de jóvenes con unas pistolas en las ciudades y una masa rural armada con hoces y escopetas de caza.

El pueblo, sin embargo, tiene más valor estratégico del que los militares revolucionarios quisieron darle. Contra toda previsión, contra toda la ciencia bélica de los mejores militares de España, el pueblo está triunfando a pesar de sus escopetas de caza y su desorganización. Ésta ha sido la enorme sorpresa de los militares sublevados. ¿Cómo es posible? ¿Es que no basta la fuerza armada?

La lección está siendo terrible. El movimiento de los oficiales no se sostiene más que en aquellos lugares en los que se cuenta con una asistencia, siquiera sea parcial, es decir, en Navarra, donde existe un indiscutible sentimiento tradicionalista, y en las capitales andaluzas o castellanas, donde los núcleos fascistas le han dado un cierto sentido político e ideológico. Donde no existían tales asistencias populares, los oficiales de la UME, encerrados en sus cuarteles, han sucumbido o van sucumbiendo al asedio de una masa amorfa y casi desarmada que en ocasiones les ha hecho enloquecer de rabia y de impotencia. Los revolucionarios no pueden triunfar. Su movimiento es absolutamente impopular. No es verdad que la mitad derechista del país se haya alzado contra la mitad izquierdista. No es exactamente una guerra civil. Media España no lucha contra la otra media, sino contra la fuerza armada de la nación que ha traicionado al poder constituido.

¿Qué va a pasar?

Los revolucionarios serán fatalmente derrotados. Cuanto mayor sea su resistencia mayor será la victoria del pueblo y más definitivo el triunfo. En veinte años no se alzará en España una sola voz capaz de defender lo que hoy dicen defender los sublevados. Esta intentona ciega e ininteligente va a convertir a España en un país unilateral en el que no será posible más que una gobernación netamente izquierdista.

¿El porvenir? Un gobierno de izquierdas de aparato democrático y parlamentario, pero con una indiscutible base de fuerza: la fuerza del proletariado triunfante por las armas de la insurrección. La solidez de esta base proletaria, en la que han de asentarse los futuros gobiernos republicanos, es el problema más grave que se presenta. Para vencer a los revolucionarios ha sido necesario armar al pueblo. ¿Cómo se le desarmará después? No hay más que un procedimiento: convertir las milicias obreras en un ejército regular, en el ejército de la República que ha de sustituir al ejército que se obstinó en seguir siendo de la Monarquía.

Pasados estos momentos de unión sagrada vendrá, desde luego, la discriminación de las fuerzas políticas que han cooperado al triunfo, y el emplazamiento de cada una en el sistema político que ha de regir a España. Las gentes simplistas no ven más que un porvenir: el comunismo. Ésta es una superstición universal. Cuando las fuerzas reaccionarias de un país sucumben ante el liberalismo, se alza invariablemente el fantasma espantoso de un bolcheviquismo a la rusa, en el que no es lícito seguir creyendo a los dieciocho años de la toma del poder por Lenin. Quienes se horrorizan al pensar en los estragos de un régimen comunista en España no advierten que ningún estrago sería mayor que el que en estos momentos se padece. Cabe pensar que en estos días España ha llegado al punto más alto de la marea revolucionaria y que, a partir de ahora, el movimiento de contracción del pueblo español va a permitir la instalación en el poder de gobiernos dotados de una fuerza y un margen de confianza que al fin haga posible la vida civilizada al ciudadano español.

No es creíble que estos futuros gobiernos sean de tipo comunista. La experiencia comunista de Rusia dará al nuevo régimen español unas aportaciones típicamente comunistas, pero la tónica general de la gobernación del país será la que el triunfo impuso el 14 de abril. Un liberalismo republicano, democrático y parlamentario sostenido por una fuerza proletaria que hoy, a los dieciocho años de la Revolución rusa, conoce sus posibilidades más exactamente de lo que sus adversarios suponen.

República democrática sostenida por el proletariado organizado que, naturalmente, seguirá luchando por sus ideales socialistas, pero dentro ya de una legalidad y un posibilismo que no serán perturbados más que por la utopía de los núcleos anarquistas, que hay que ir reduciendo, y por los residuos criminales que las revoluciones y las guerras civiles ponen a flote.

DESDE LA MESA DE LA REDACCIÓN
La Nación, 15 de enero de 1937

Esta segunda colaboración de Chaves Nogales con el periódico argentino La Nación *vio la luz cuando el autor ya había abandonado España y se había exiliado en Francia con su familia.*

El 18 de julio el general Franco estuvo a punto de ser el amo de España. Falló el golpe. Dos días después estaba casi perdido. El pueblo había deshecho de un manotazo el artificio de la conjuración militar. Para que los rebeldes se rehiciesen y emprendieran la guerra de conquista, que desde ya hace medio año aniquila a España, fue preciso que otras potencias acudiesen en socorro de los sublevados y le suministrasen primero material de guerra y luego un verdadero ejército.

Pero el golpe de mano del general Franco no ha provocado sólo una guerra civil de consecuencias incalculables, sino también una revolución: una auténtica revolución social, tan dura y tan profunda como pudo serlo la revolución soviética. En Madrid, al día siguiente de derrotar a los militares sublevados que se habían encerrado en el cuartel de la Montaña, el pueblo en armas, y más concretamente el proletariado industrial organizado sindicalmente, se lanzó de manera entusiasta a la revolución. El primer acto revolucionario, después del fusilamiento en masa de los oficiales sublevados, fue la incautación de fábricas y talleres, la creación de los consejos obreros y la sustitución de hecho del régimen capitalista de la industria por un aventurado ensayo de colectivización. El general Franco, al sublevarse, había puesto en marcha la revolución social en España que, de otro modo, hubiese tardado cincuenta años en producirse.

El consejo obrero manda

Fui requerido por el consejo obrero que se incautó de la editorial Estampa, empresa propietaria del diario *Ahora* y de otras importantes publicaciones en las que trabajaban más de un millar de operarios, para que me encargase de la dirección del periódico. Acepté satisfecho. Eran los mismos redactores y obreros que durante varios años había tenido a mis órdenes quienes libremente me designaban, no obstante haber sido yo el hombre de confianza del capitalista expropiado y a pesar de no haber pertenecido jamás a ningún partido proletario, ni siquiera de izquierda. Intelectual liberal adscripto a la pequeña burguesía, pude llegar fácilmente a una inteligencia con los propietarios del consejo obrero, quienes con gran sorpresa por mi parte me confirieron la misión de mantener el periódico dentro de una línea política pura y exclusivamente republicana, antifascista naturalmente, pero en la misma zona templada en que puede desenvolverse cualquier órgano democrático en Europa o América. Todo exceso de lenguaje, todo afán de proselitismo revolucionario quedaba excluido. El consejo obrero, formado exclusivamente por veteranos militantes del comunismo, el socialismo y el sindicalismo revolucionario, al instalarse en el suntuoso salón de sesiones del consejo de administración se había hecho terriblemente conservador.

Era el público de nuestro periódico un público neutro, moderado, y no debíamos perderlo, porque el ingreso que producía la gran tirada del periódico era la base de subsistencia de la industria y de centenares de familias obreras. Había que mantener el tono objetivo de la información. Bastaba con inclinarse suavemente del lado del proletariado, pero sin estridencias ni campañas escandalosas... Este lenguaje ya lo había oído yo muchas veces en aquel salón. Era el mismo lenguaje que hablaba el capitalista expropiado. No había más diferencia que la de la suave inclinación, que antes era del lado de la derecha y ahora de la izquierda. Esto era todo.

El naufragio de los intelectuales

Pero si la industria editorial podía seguir navegando en medio de la tempestad revolucionaria, los intelectuales que la servían naufragaron al primer embate. Tenía nuestro periódico la plantilla de colaboradores más brillante de España: Miguel de Unamuno, Azorín, Pío Baroja, Ossorio y Gallardo, Julio Camba, Gregorio Marañón, Salvador de Madariaga, Ramón Gómez de la Serna y otros muchos de segunda fila. Casi todos quedaron desplazados desde el primer momento: unos, como Unamuno, porque se pusieron abiertamente al lado del fascismo; otros, como Pío Baroja, porque se inhibieron, y otros, como Azorín, porque no obstante haberse colocado desde el primer momento al lado de la República y del pueblo, fueron rechazados o puestos en cuarentena. Todos ellos eran hombres procedentes de la izquierda, y es curioso que sólo pudiese subsistir en la estimación del proletariado el único colaborador de procedencia limpiamente derechista y conservador, don Ángel Ossorio y Gallardo, magnífico ejemplo de lealtad y sacrificio a la causa del pueblo. La deserción de los intelectuales, la típica *trahison des clercs,* dejaba la dirección ideológica de la República en manos de los jóvenes agitadores de los partidos proletarios. Pudo y debió ser de otra manera. De la inconsistencia política de los intelectuales españoles y de la incomprensión que para con ellos ha tenido el proletariado resultó beneficiado

Franco. Ninguno de ellos, sin embargo, era fascista, ni lo será jamás.

La inhumana depuración

El consejo obrero de nuestra editorial, formado por un delegado de cada uno de los talleres y oficinas de la industria, funcionaba bajo la fiscalización de los representantes de las dos centrales sindicales, UGT y CNT, es decir, socialistas y comunistas, de un lado, y anarcosindicalistas, del otro. Pronto se evidenció la pugna entre marxistas y anarcosindicalistas. El marxismo era más fuerte. La gran mayoría de nuestros obreros pertenecía a la UGT, pero después de la rebelión la CNT se vio reforzada numéricamente por la incorporación a sus filas de todos los trabajadores que hasta entonces habían pertenecido a los sindicatos que estuvieron bajo la tutela patronal: católicos, neutros e inclusive fascistas. Tales obreros tachados de «amarillos» y de «lacayos de la burguesía», al obtener a última hora el *carnet* de la CNT, pasaban por un Jordán purificador que les incorporaba a la causa del proletariado. Esta teoría de la redención, cara a los anarquistas, salvó la vida de muchos. No de todos, desgraciadamente. Los sindicatos marxistas, implacables, y sus tribunales sindicales y sus milicias se aplicaban a una terrible tarea de depuración. Cuando se comprobaba, por los ficheros cogidos en los centros de Falange

Española, que un obrero había sido militante del fascio, se le sentenciaba a muerte, y la sentencia se cumplía inexorablemente. Franco había fusilado desde el primer momento a todo el que hallaba en posesión de un *carnet* socialista o comunista, imaginando que con este sistemático ejercicio del terror extirparía el marxismo. No pensó, seguramente, que su táctica terrorista era la que estaba más al alcance de la gran masa revolucionaria. De todo el horror de la guerra civil y la revolución esa inhumana depuración del proletariado fue lo que más honda y angustiadamente pudo conmoverme. Contra el traidor a su clase, contra el «esquirol», contra el «amarillo», no había piedad. El proletariado comenzaba por ser duro consigo mismo, aún más que con la burguesía. He visto cómo algún obrero del Consejo que se mostraba inflexible con los compañeros traidores venía después a decirme secretamente que tenía oculto en su propia casa a un sacerdote cuya vida en peligro estaba decidido a salvar por pura humanidad.

La ilusión de la propiedad

Poco a poco, el anarcosindicalismo, que se impuso en los primeros momentos por sus procedimientos rápidos y contundentes, fue desplazado. La superioridad numérica de la UGT y la insobornable pureza revolucionaria de los comunistas anularon en nuestra industria a la

CNT y la FAI. La empresa quedó de hecho bajo el control del marxismo.

El gobierno de la República, que no podía sancionar el hecho revolucionario de las incautaciones, legalizaba nuestra actuación nombrando un delegado del Ministerio de Industria y Comercio encargado de controlar la actuación del consejo obrero, que se aceptaba oficialmente no como organismo incautador sino como instrumento encargado de evitar la paralización industrial determinada por la desaparición de los propietarios y gerentes de industrias que se habían marchado al campo fascista o al extranjero. Merced a este arbitrio, nuestro ensayo de colectivización tenía una existencia legal y podía desenvolverse dentro de la constitución democrático-burguesa de la República. Bajo este doble control del gobierno y de la UGT, nuestro consejo obrero abordó a fondo el problema de la colectivización de la industria. Había dos tendencias: una de ellas era la pura socialización; otra, la de que los trabajadores nos constituyésemos en cooperativa de producción independiente y afrontásemos con nuestros recursos, o, mejor dicho, con nuestro sacrificio, los riesgos industriales. Esta esperanza de convertirse en accionistas y únicos propietarios de su industria dio a los trabajadores un espíritu de sacrificio admirable. Yo he visto cómo era suprimido en el acto el pago de las horas extraordinarias por exceso de jornada; he presenciado cómo se amortizaba el cincuenta por ciento de las plazas; cómo se declaraban en

33

suspenso todas las reivindicaciones de aumento de salario y cómo los que antes iban a la huelga por lograr la semana de cuarenta horas trabajaban a mis órdenes durante catorce horas diarias sin la menor protesta. Hubiese deseado que la guerra se ganase sólo por conocer el final de una experiencia que bajo tan excelente auspicio comenzaba.

Pero la guerra no sólo no se ganaba, sino que cada día la teníamos más cerca y más apremiante. La escasez de primeras materias, las dificultades de los transportes y la necesidad de que todo quedase supeditado a la movilización, impuesta por el Ministerio de Guerra primero y por la Junta de Defensa de Madrid después, cortaron en flor nuestra experiencia cooperativa. Prácticamente nuestra industria, como todas las industrias editoriales, quedó socializada y en manos del gobierno, que utilizaba los periódicos como las ametralladoras; armas todas para la lucha.

La guerra desde la redacción

Desde la mesa de la redacción, la guerra se veía con más claridad que desde las trincheras. Todas las tardes llegaban los redactores enviados al frente y contaban la anécdota de la jornada, que era siempre la misma. El heroísmo inútil de los mejores frente al profesionalismo bélico de los oficiales y las tropas coloniales y al lado de la incapacidad para la guerra de las grandes masas indisciplinadas. Los cronistas más veraces reflejaban sólo en sus cuartillas el desconcierto, el trasiego de masas, la incongruencia de una guerra para todos incompresible. Los más brillantes cerraban los ojos a la realidad turbia y describían, sistemáticamente, una batalla imaginaria, siempre la misma, cuyo arquetipo está en todos los manuales de Historia. De cómo es esta guerra nadie ha acertado a decir nada todavía. Lo que se veía únicamente era el flujo y reflujo de una gigantesca masa humana que iba a estrellarse contra las máquinas de guerra esgrimidas por las tropas de Franco. Los mejores sucumbían; los otros tiraban desesperados e impotentes el fusil, arma inútil en sus manos de trabajadores frente a los aviones y los tanques extranjeros. Una censura de prensa, ininteligente y perniciosa como todas las censuras, mantenía la ficción de una guerra brillante y espectacular. La función de la prensa, contra nuestra voluntad, tenía en manos de los trabajadores los mismos defectos que en manos del capitalismo. No hemos sabido hacer en este período revolucionario unos periódicos sinceros y veraces. Algún día nos lo tomarán en cuenta.

Bajo el fuego de los cañones

No hemos podido llegar al final de la experiencia. Los cañones de Franco, emplazados una noche en la Casa de Campo, interrumpieron el trepidar constante de las rotativas. Nuestros talleres fueron alcanzados por los obuses de los facciosos, el gobierno se trasladó a Valencia y, en tales circunstancias, di por cancelado con los obreros mi compromiso de intelectual liberal al servicio del pueblo. ¿Deploraré siempre que la guerra no nos hubiese dejado llegar al término de nuestra experiencia? ¿Hubiera sido posible la colectivización definitiva de la industria? Sin la amenaza de los cañones, ¿los obreros hubieran sido capaces, por sí solos, de seguir haciendo periódicos? Y al decir periódicos decimos automóviles y casas y tranvías y teléfonos y todo lo que se entiende por instrumento de la vida civilizada.

LA HORRIBLE LECCIÓN
París, 18 de octubre de 1937

Lo que sigue es un fragmento del artículo «Al día siguiente de las elecciones cantonales francesas», publicado en la revista cubana Bohemia, *año 29, n.º 44, 31 de octubre de 1937. El título iba acompañado de la siguiente entradilla: «El pueblo se ha pronunciado contra la barbarie de las dictaduras en el alba de la nueva fe democrática».*

Las elecciones cantonales que acaban de celebrarse en toda Francia, salvo en París, señalan diáfanamente el rumbo político de Francia que es el mismo rumbo fatal de todo el mundo civilizado, a despecho de esas monstruosas deformaciones espirituales de los pueblos, de esos estados patológicos de las naciones que se denominan Estados totalitarios.

En las elecciones celebradas ayer, cuyos escrutinios no son aún definitivos en el momento en que envío estas impresiones, se acusa neta y limpiamente una tendencia: democracia. Ésta es la voluntad inequívoca del pueblo: democracia y libertad por encima de todo.

[...]

Desde hace algún tiempo no había en la política europea más que dos polos de atracción: comunismo y fascismo. Los pueblos de Europa, por una inexplicable regresión a la barbarie, sacrificaban sus más preciadas tradiciones intelectuales y, suprimiendo radicalmente el complejo juego de la inteligencia, se apelotonaban como ganado en cualquiera de las dos monstruosas aglutinaciones que son el fascismo y el comunismo. Las gentes más finas, más agudas y espirituales de Francia, a las que en los últimos tiempos interrogaba yo ansiosamente, me respondían unánimes con bovina resignación: «¡Qué hemos de hacerle! No hay más remedio que escoger entre uno de los dos males; yo no soy comunista ni fascista, pero hay que resignarse a la barbarie de un lado o de otro. ¡También yo he tenido que tomar partido!». Y se encogían de hombros desoladoramente.

Esto, que los hombres de la élite intelectual de Europa no han sabido evitar, esta abdicación de la inteligencia en favor de las fuerzas ciegas e instintivas que se apoderaban del mundo, va a rectificarlo al fin el pueblo, el mismo pueblo.

Ha sido preciso antes ese espectáculo afrentoso para la humanidad de la guerra civil de España. Ha sido necesario que miles y miles de españoles, los mejores, los más heroicos y entusiastas, sucumban asesinados por la más ciega barbarie política, la de los unos y la de los otros, para que el mundo comience a darse cuenta de la regresión bestial que significa la concepción totalitaria del Estado.

Francia, en primer término, por más próxima de España y por más cultivada política y socialmente, es la que antes aprovechará la terrible lección. Yo tengo la íntima convicción de que sin el ejemplo aleccionador de España, Francia hubiese sido arrastrada hace unos meses a una catástrofe social del mismo tipo.

Hoy, estoy plenamente convencido de que el pueblo francés ha escarmentado en cabeza ajena, ha escarmentado en la carne desgarrada del pueblo español. Ni los reaccionarios franceses se atreverán a desencadenar una catástrofe como la que desencadenaron Franco y sus señoritos estúpidos, ni las ilusiones revolucionarias del proletariado les darán pretexto para ello.

Éste es el indicio que puede seguirse del resultado de las primeras elecciones que se celebran en Francia, después de quince meses de guerra civil en España. El pueblo ha visto claro; el comunismo es, fatal e inexorablemente, el fascismo. Cada prosélito ganado por la dictadura del proletariado es un nuevo militante para la dictadura reaccionaria. Y, al final, la colisión, la guerra. Primero, la guerra civil y luego la invasión extranjera y la guerra de la Independencia.

Éste es el proceso que está siguiendo España. Éste es el que, acaso, hubiese tenido que seguir Francia.

Hoy, aquí, el peligro está conjurado. Los hechos históricos no se repiten.

Cuando los franceses han ido ayer a votar a sus nuevos consejeros cantonales, han tenido el cuidado de saber claramente cuál era su voluntad. Democracia, libertad, república, parlamentarismo, defensa del proletariado, socialismo reformista, antifascismo, sí. Comunismo, no.

Ha habido un tiempo —hasta ayer mismo— en el que el antifascismo era fatalmente comunismo y viceversa. No se podía ser antifascista sin estar a las órdenes de Moscú, como no se podía ser anticomunista sin ponerse al servicio de los amos de Berlín o de Roma.

Esta trágica alternativa está a punto de terminar. Es para esto para lo único que ha servido hasta ahora la guerra de España.

En las elecciones de ayer el pueblo francés ha sabido aprovechar la horrible lección.

NACIONALISTAS COLONIZADOS
Bohemia, 23 de enero de 1938

Si hace un año los oficiales rebeldes del ejército español hubiesen tirado al mar a los primeros destacamentos italianos que pusieron la planta en el territorio nacional, hubiera sido forzoso creer en el nacionalismo de los nacionalistas españoles. Claro es que los tirarán al fin. ¿Qué duda cabe? Pero tendrán primero que desembarazarse de los jefes de ese nacionalismo que han traicionado a la nación, poniéndola en el trance de sucumbir ante una invasión extranjera.

Porque la verdad es ésa y no otra. A estas alturas, España, por culpa de Franco, sería irremisiblemente una colonia italiana o alemana si no fuera porque lo han impedido las grandes potencias democráticas de Europa. ¿Es que alguien puede dudar todavía de que, a no haber sido por los intereses amenazados de Francia e Inglaterra, Mussolini e Hitler no se hubieran deshecho del general Franco, su hombre de paja, y hubieran terminado la guerra civil haciéndose los amos indiscutiblemente del territorio español?

Este solo hecho incuestionable demuestra la estupidez fundamental de los nacionalistas españoles. Todavía no se han enterado de que subsisten gracias precisamente a las grandes potencias democráticas que están impidiendo, con todos esos artilugios del Comité de Londres y la Conferencia de Nyon —la no intervención y la semiintervención—, lo que de otro modo sería fatal, la invasión de España por las potencias de régimen autoritario y, por consiguiente, la anulación automática de ese grotesco nacionalismo español que, si no hubiese sido por Francia e Inglaterra, tendría a estas horas que ir a refugiarse en la zona gubernamental para pedir a los «rojos» que le ayudasen a echar de España a los invasores. ¿Lo duda alguien? ¿Hay todavía quien sea capaz de negar que sin la vigilancia de las grandes potencias democráticas los dueños absolutos del territorio español serían hoy Alemania e Italia? Pues los nacionalistas españoles son tan obtusos que aún no lo creen y siguen hostilizando estúpidamente a las dos potencias a las que deben el no haber sido ya devorados. ¿Qué sería a estas horas de Franco y de esos pobres españoles que se titulan nacionalistas, si España hubiese tenido una posición geográfica análoga a la de Abisinia? El *ras* Franco iría humildemente en el cortejo de un aparatoso virrey italiano, y los oficiales del ejército español —hagámosles ese honor— andarían por las montañas de nuestro país guiando las guerrillas de milicianos rojos.

¿Que esto es imposible? Sí, claro; porque las grandes potencias democráticas no lo han consentido. Cuando los demócratas españoles señalamos la invasión extranjera en España, Franco y sus portavoces pueden discutirla y aun negarla no porque ellos no hayan hecho todo lo posible por provocarla, sino porque Europa no se lo ha consentido.

Italia se lanzó a la intervención en España con el ímpetu que le daba el éxito de su primera aventura imperialista. Las tropas italianas mandadas por generales italianos entraban victoriosas en las ciudades españolas y la prensa de Roma publicaba, junto con las listas de bajas sufridas por los cuerpos expedicionarios, los comunicados de victoria de los generales del *Impero* que el propio Franco con vergonzosa humillación suscribía.

Alemania, por su parte, más cautamente, sin esa bambolla imperial de Italia, pero acaso con mano más firme y certera, iba adueñándose de los resortes del mando «nacionalista». ¿Es que todo lo concerniente a la fortificación y defensa de las costas y las fronteras de la España nazi no está hoy dirigido y controlado por los alemanes? ¿Es que las industrias de guerra no se hallan en sus manos y bajo su dirección? ¿Es que no son técnicos y funcionarios alemanes los que dirigen la máquina del Estado franquista? ¿Es que la policía política del gobierno de Salamanca no es una institución levantada de planta por funcionarios alemanes de la Gestapo trasladados a España en corporación, con sus categorías, su disciplina y sus sistemas peculiares de investigación y represión?

Alemania e Italia se han repartido amigablemente la dominación del territorio nacionalista. Alemania, más prudente, encargada de una función oculta que puede desarrollarse sin entrar jamás en contacto ni, por tanto, en colisión con el pueblo invadido, ha sabido llevar a cabo su cometido de adueñarse de los resortes del mando sin despertar el recelo popular. Sus experiencias de injerencia en las repúblicas sudamericanas de habla española le han permitido disponer de un equipo de intervención en España más eficaz y diestro que el de los italianos, y así se da hoy el caso de que los patriotas españoles (que también los hay en el campo nacionalista) consideran que los alemanes se han conducido correctamente y no representan un peligro para la independencia nacional, mientras que la presencia de los italianos, por el contrario, es una vejación cada día más insufrible para el pueblo español e incluso para los militares sublevados. Terminarán tirándolos al mar.

A Italia le ha correspondido en esta empresa de la intervención en España el papel más ingrato y difícil. Lo que Italia podía mandar a España preferentemente era material humano y un material humano poco experto en guerras de infiltración y colonización, ávidos campesinos y obreros sin trabajo convertidos en peones de un ejército de ocupación que desembarcaban en la Península como podían haberlo hecho en Abisinia. Si les hubiesen dejado, si hubiera sido posible que Europa tolerase cruzada de brazos la invasión de España por los italianos, a estas horas no habría guerra civil sino una guerra de independencia con un frente único para los españoles, el de la República, el de la defensa del territorio nacional, el del verdadero nacionalismo español que no es, naturalmente, ese nacionalismo artificioso creado y sostenido desde el extranjero como instrumento de agresión contra las potencias democráticas.

Ese nacionalismo español que no ha sido nunca español sino italiano o alemán, que pedía prestados a Alemania e Italia incluso sus gritos de guerra y copiaba servilmente sus ademanes, que no ha acertado todavía a expresar con claridad una sola aspiración auténticamente nacional (si no es esa grotesca reclamación de Gibraltar) y que desconoce en absoluto las verdaderas raíces del nacionalismo español, hubiera sucumbido ya a su propia estupidez y a la codicia de las potencias de régimen autoritario, si no hubiese sido, como decimos, porque las grandes potencias democráticas no podían permitir la consumación del trágico destino de los generales españoles condenados a ser quienes libraran su patria al extranjero atada de pies y manos. Han sido precisamente Francia e Inglaterra, las odiadas potencias democráticas, las que han permitido que Franco pueda seguir hablando todavía en nombre de España. Esto los nacionalistas españoles no lo han comprendido aún. Franco y su camarilla de Salamanca sí han empezado a darse cuenta de ello y, buscando una salida a su siniestra aventura, se resignan ya a virar en redondo y aceptar las sugestiones británicas, que son la única cosa que en definitiva puede salvarles. Es decir, que habrán sido las grandes potencias democráticas, Francia e Inglaterra, las que salven a España de la invasión extranjera provocada por la insensatez de los titulados «nacionalistas».

Éste va a ser el trágico final de ese «nacionalismo» español cuya actuación catastrófica ha costado a España un millón de muertos, la ruina completa del país y la miseria y la esclavitud para veinte años.

De esta lección pavorosa de la guerra de España, lo más evidente hasta ahora es el funesto resultado que representa para un país la utilización del «nacionalismo» como arma ofensiva de política interior.

El título de «nacionalista» utilizado por una fracción política para agredir a otra no conduce más que al aniquilamiento de la nación. El falso nacionalista, a quien le interesan más las doctrinas internacionales en que comulga que la propia nación cuyo nombre toma abusivamente, llegado el momento arroja la máscara y se echa en brazos del extranjero para combatir y aniquilar a la parte de la nación que se resiste a aceptar sus doctrinas. Esto es lo que desde la sublevación militar están haciendo los «nacionalistas» españoles; destruir la nación, matar por millares a los nacionales, arrancar las raíces del verdadero nacionalismo español en beneficio de unas doctrinas políticas extranjeras con armas extranjeras y con soldados extranjeros. ¿Qué otra cosa hace Franco? Lo mejor de España, lo más joven, lo más fuerte y sano de la nación, está cayendo sistemáticamente segado por la metralla de los cañones alemanes y los aviones italianos. Éste es el nacionalismo de los «nacionalistas».

Prescindiendo ya de que las víctimas sean de uno u otro lado, olvidando que el hombre que sucumbe en la trinchera luche por este o aquel ideal, ¿es que no son todos, los de un lado y otro, españoles? ¿Es que Franco, al mismo tiempo que sacrifica a las juventudes republicanas, socialistas y comunistas, como si no fuesen españolas, no sacrifica también a las juventudes monárquicas y fascistas en una guerra odiosa en la que España, la nación española, no tiene nada que ganar y en cambio está perdiendo entera una generación que surgía con una vitalidad y una preparación espiritual formidables? España se empobrece y desangra a beneficio de un ideal que no es el suyo propio, el de la nación española, sino el del naciente imperialismo de las potencias de régimen autoritario. Es al servicio exclusivo de Alemania e Italia como sucumbe la juventud española.

Se replica fácilmente diciendo que del otro lado está el comunismo, Rusia. Es cierto; el pueblo español puede haber padecido la sugestión del internacionalismo revolucionario y en un momento dado haber creído que su misión histórica era vincularse al triunfo de la revolución mundial. Pero este error, del cual hace muchos meses que están de vuelta los mismos trabajadores que hace año y medio tomaron las armas para defenderse contra el fascismo extranjerizante, no justifica ni explica la mixtificación criminal de ese «nacionalismo» español al servicio de Alemania e Italia, que ahora después de haberlo sacrificado todo a los intereses de estas potencias tiene que dar marcha atrás para poder salvarse.

Si al internacionalismo del proletariado revolucionario español se quería oponer el nacionalismo reaccionario de las aristocracias, éstas no podían, de ninguna manera, apoyarse para vencer más que en fuerzas pura y exclusivamente «nacionales». El internacionalista puede colocar al que se titula nacionalista en el mismo aprieto en que los partidarios de la autocracia colocan a los liberales cuando les exigen libertad para actuar impunemente contra la libertad misma. Puede argumentar, igualmente: «Te exijo que no utilices para triunfar ninguna fuerza que no sea nacional, puesto que eres nacionalista; tengo derecho a utilizarla yo precisamente porque no lo soy».

Ésta es la gran monstruosidad del «nacionalismo» español. Haber provocado una invasión extranjera que pone en peligro la integridad de nuestro territorio y nuestra independencia nacional sólo para combatir el internacionalismo revolucionario de un sector del proletariado que jamás hubiese sido tributario de las potencias extranjeras como lo son hoy los «nacionalistas».

Franco, sus moros, sus alemanes, sus italianos, sus portugueses, sus rusos blancos y toda esa canalla mercenaria, toda esa hampa internacional que forma en las banderas de la Legión, serán lo que se quiera menos un ejército nacional; lucharán por lo que sea, por Mussolini, por Hitler, por el fascismo, por el nacionalsocialismo, por el anticomunismo, por el Papa, por lo que sea. ¡Por España, no y mil veces no!

LA GRAN MENTIRA
DE LAS ADHESIONES AL FRANQUISMO
París, 27 de enero de 1938

El presente escrito vio la luz en la publicación Madrid, *órgano de los comunistas refugiados en París. En el original, el título iba acompañado de la siguiente entradilla: «No hay en toda Europa un solo hombre honrado capaz de suscribir la conducta de Franco y sus secuaces».*

Una artera campaña de propaganda franquista, que utiliza como soporte las convicciones contrarrevolucionarias de los núcleos de intelectuales conservadores y liberales de Francia e Inglaterra, viene, desde algún tiempo, manteniendo el equívoco infame de la adhesión a Franco de prestigiosas personalidades francesas e inglesas. Son por lo general profesores, artistas, escritores, militares, juristas, etc., a los que, por medio de escamoteos indecorosos y de documentos anfibológicamente redactados, se presenta como identificados con la causa del general Franco y con sus secuaces y aliados.

La mixtificación quedó bien patente en el texto del documento de adhesión a Franco suscrito recientemente por un núcleo de intelectuales franceses. Curiosa adhesión, única en el mundo, en la que los firmantes tenían el pudor de no nombrar ni una sola vez aquello a que se adherían, como si el nombre mismo de Franco les manchase los labios.

De sobra sabían los muñidores de ese documento que no hubiera habido ni un solo intelectual francés e inglés capaz de suscribirlo si hubiera sido redactado leal y honradamente. La adhesión explícita a Franco, a su política, a sus crímenes (o, como quieran llamarles, sus justicias o sus *ajusticiamientos,* si lo prefieren), a sus procedimientos bélicos empleados en su propio país, a sus alianzas internacionales, a su concepto del patriotismo y de la independencia nacional, *no hay ni uno solo* de los firmantes de ese manifiesto equívoco que sea capaz de mantenerla.

Se podría hacer la prueba fácilmente. Desafiamos a los que recolectan estas adhesiones vergonzantes a que recaben una adhesión explícita y terminante. La cosa es fácil.

Los hombres no pueden ser juzgados más que por lo que hacen o por lo que dicen. La acción y el verbo son los únicos elementos de juicio que existen para las empresas humanas y para los hombres que las realizan. ¿Cuáles son las acciones más características del movimiento franquista y cuál es su verbo más caracterizado? ¡A buscarlos y a suscribirlos!

En cuanto al verbo, ¿se atreverían los partidarios

de Franco a repudiar como su portavoz más característico, más idóneo, más íntimamente compenetrado con el movimiento franquista, al general Queipo de Llano, *speaker* de la rebelión, que desde hace dieciocho meses difunde por Europa el pensamiento franquista desde el micrófono de Radio Sevilla? ¿No lo repudian? ¿No lo desautorizan? ¿Es bueno? ¿Es, efectivamente, el verbo del movimiento? ¿Sí? ¡Pues venga una adhesión de los intelectuales al *speaker* de Radio Sevilla, general Queipo de Llano, verbo indiscutible del franquismo! ¡Venga! Nos basta con que los mismos firmantes del manifiesto de adhesión al franquismo suscriban las declaraciones que cada noche hace, por radio, el general Queipo de Llano. ¡Venga! ¿No? ¿No quieren? ¿Es que Queipo no es realmente el verbo del franquismo? Pues a decirlo, a desautorizarle y a señalar concretamente cuál es el verbo verdadero del movimiento, aquel al que Europa puede mostrar su adhesión sin ruborizarse.

La casuística franquista puede argüir que la adhesión de los intelectuales europeos no es al verbo sino a la acción. Veámoslo. Aquí el caso es más sencillo aún, porque la acción toda del franquismo la personifica única y exclusivamente el Caudillo mismo. ¡Franco! ¡Franco! ¡Franco! ¿Cuál ha sido la acción más característica del movimiento franquista en las últimas semanas o los últimos meses, la que más ha impresionado al mundo, la que tendrá una verdadera trascendencia histórica? No vamos a decir que la acción característica del movimiento en los últimos tiempos ha sido la rendición de Teruel o esa espantosa guerra de usura que se viene haciendo a las puertas de la ciudad rendida sin más finalidad que la de enterrar allí a millares y millares de españoles. No. Eso es lo común a todas las guerras, el estrago y la derrota. Lo verdaderamente característico y genuino de la acción franquista es esa aparición en el cielo de Barcelona de media docena de aviones extranjeros de bombardeo que, en cuarenta y nueve segundos, han causado la muerte a centenares de no combatientes, mujeres y niños en su mayoría. Es ésta, desde hace, no semanas, meses, la acción más destacada de la guerra de España. La que pasará a los manuales de Historia. ¡Pues vamos a suscribirla y rubricarla, señores intelectuales de Europa, adheridos al franquismo! ¡Venga! Bastan dos líneas. «Aceptamos la necesidad del bombardeo de Barcelona del 19 de enero de 1938, acción útil y beneficiosa para la civilización occidental.» Y una firma. Eso es todo.

¡Con esto basta para que sea eficaz esa adhesión a Franco, para que se dignifique ese amor infamante que no se atreve a decir su nombre! ¡Adelante, servidores de Franco! ¡Pedid a los intelectuales de Europa que sancionen el bombardeo de Barcelona y que suscriban las oraciones del general Queipo, el verbo y la acción franquistas por excelencia! ¡Recabad firmas! ¡Cuando las hayáis obtenido podréis pensar en ganar moralmente la guerra! ¡Adelante! La cosa es sencilla.

¿No decís que el mundo civilizado está al lado vuestro? Pues basta con que sus hombres representativos suscriban, sin eufemismos, sin escamoteos, sin mixtificación ni anfibologías, lo que vuestros jefes hacen y dicen.

¡La firma de una sola persona decente, de un solo hombre honrado al pie de un documento de adhesión a lo que Franco hace y a lo que Queipo dice, redactado en términos concretos, sería vuestra salvación! ¡A buscarla!

Perderéis el tiempo; encontraréis adhesiones a unas doctrinas que decís representar y apoyo a unas ideologías que gratuitamente os atribuís; pero una adhesión terminante a vuestros crímenes y a vuestra estupidez, no. Los asesinos no son de derechas ni de izquierdas, los cretinos no son blancos ni rojos, la traición a la patria no hay ambición que la justifique. Y eso, vuestra crueldad inútil, vuestra estupidez inmensa y vuestra traición infame, no hay en el mundo quien honradamente se preste a suscribirlas.

Y mientras no lo consigáis, el último de los ciudadanos de Europa podrá deciros a voz en grito que sois unos mixtificadores y que vuestros jefes son unos asesinos, unas malas bestias y unos traidores a la patria.

LOS NACIONALISTAS DE FRANCO ANTE LA INVASIÓN EXTRANJERA

La España de mañana

Bohemia, 1 de mayo de 1938

Hablemos claro. Si las grandes democracias se han mantenido hasta el final fieles a la no intervención es porque creen que Alemania e Italia, al intervenir en España, no pueden atentar contra España misma, sino que atentan exclusivamente contra un gobierno republicano de tendencias revolucionarias, del cual ni Inglaterra ni Francia se consideran solidarios aunque sus masas proletarias vociferen en las calles de París y Londres su solidaridad con el proletario español.

El razonamiento en virtud del cual las grandes democracias han permanecido incongruentemente fieles a esta cosa archiviolada que es la no intervención se basa en el crédito de confianza sin límites abierto al pueblo español. Francia e Inglaterra están convencidas de que pase lo que pase, a despecho de todas las violaciones, España conservará intacta su independencia y sabrá siempre sacudir el yugo extranjero. Haciendo honor a los españoles, a su patriotismo, a su espíritu heroico y a su indómita naturaleza, las grandes democracias se han cruzado de brazos y han dejado actuar a las potencias de régimen totalitario pensando que éstas se quemarán imprudentemente los dedos en España y que al final los españoles sabrán desembarazarse de los extranjeros. No aceptan la hipótesis de que España pueda quedar prácticamente convertida en una colonia alemana o italiana. Como esto, que es lo que en definitiva consideran peligroso para la paz de Europa, lo tienen descartado por imposible desde el primer momento, han considerado lo más prudente no abandonar su línea de conducta. Si se creyera que los españoles iban a soportar mansamente servidumbre al extranjero, si no se nos concediese este amplio crédito que al mismo tiempo que nos honra está siendo nuestra perdición, Inglaterra y Francia habrían intervenido hace ya muchos meses. ¿Qué duda cabe? ¿Si la anexión de Austria ha despertado la inquietud y el recelo en el mundo entero, qué no produciría la conquista de España? Ni Inglaterra ni Francia consentirían la pacífica instalación del ejército alemán en los Pirineos y en Marruecos y la utilización de Baleares, Canarias y Vigo como bases de las escuadras de mar y aire de Italia. ¿Por qué se cree que Alemania e Italia, a las que tan cara está costando la aventura de España, se van a retirar luego? ¿Se cuenta con algún compromiso formal de estas potencias que asegure su retirada una vez triunfante el general Franco? ¿Con qué se cuenta para suponer que no se instalarán definitivamente en España?

Se cuenta, pura y simplemente, con los españoles, con el prestigio tradicional de nuestra fiera independencia. Se cree firmemente que los españoles no serán nunca una colonia extranjera. Se piensa incluso que los mismos oficiales del ejército de Franco echarán de España a los alemanes y los italianos. Esto es lo que creen Francia e Inglaterra y en ello confían ciegamente.

Ahora bien, permítase a un español, nacionalista de verdad, que no ha sido nunca revolucionario y que odia por igual el comunismo y el fascismo, opinar serenamente, sin hiperbólicas hinchazones, sobre las posibilidades que tiene su pueblo de mantener la independencia nacional.

Creo, efectivamente, que el triunfo de Franco y la ocupación por su ejército de la última parcela del territorio nacional no lleva aparejada automáticamente la entrega absoluta de España a la voluntad de las potencias interventoras. Es más, creo firmemente que el hundimiento del gobierno de la República dará la señal para el levantamiento en España de una masa de opinión considerable contra esas dos potencias. Todo cuanto se hable ahora de choque y rebeliones contra los extranjeros en la España llamada nacional es pura fantasía. Será verdad, en cambio, cuando el gobierno de Barcelona sucumba. Los españoles no van a soportar como borregos la dominación italiana y alemana. Por muy convencional que sea ese nacionalismo creado y sostenido merced a las fuerzas extranjeras y coloniales, la reacción de la España nacional contra sus aliados de hoy puede ser después violentísima. Previéndola ya, Alemania e Italia buscan hoy las formas más discretas e indirectas de ejercer su protectorado en España, y Franco, para sosegar la conciencia de los nacionalistas auténticos que le han apoyado, anuncia que ni una pulgada del territorio nacional será enajenada en cuanto de él dependa. De él va a depender muy poco; casi nada. De quienes dependerá en realidad será de Hitler y Mussolini, de una parte, y del pueblo español, de otra.

Por parte de Hitler, la aventura de España no tiene más que un sentido; el que desde el primer momento le dio el Estado Mayor alemán al concebirla; responder al pacto franco-ruso creando en los Pirineos un nuevo frente de batalla contra Francia y restablecer así la estratégica alternación de los posibles beligerantes en una futura guerra europea. Los generales españoles se sublevaron únicamente para que este plan pudiera realizarse. No le interesa, pues, a Alemania colonizar España, y por eso la actuación de los técnicos alemanes en la Península es inverosímilmente discreta. Se procura a todo trance que para el pueblo español la intervención alemana sea casi imperceptible. Los alemanes son los aliados más generosos, más humildes y discretos que pueda imaginarse. No tienen ninguna ambición territorial, no piden nada, lo ofrecen todo generosamente, adulan a los españoles y su única preocupación es ayudarles, fortalecerles, armarles, artillar sus costas y sus fronteras contra el peligro rojo. ¿Se puede temer que los bravos e indómitos españoles se revuelvan ingratos contra quienes así les ayudan a defender la independencia nacional amenazada por el bolcheviquismo?

En cuanto a Italia, la cuestión es muy distinta. Lo que Mussolini creyó encontrar en España, un dictador feudatario, un *ras* sumiso, una Abisinia rica y próxima y una buena colocación para los millares de italianos sin trabajo, no va a encontrarlo, desde luego. Franco mismo tendrá que rebelarse un día contra las exigencias de Mussolini o, lo que acaso sea más probable, sucumbirá a manos de sus propios lugartenientes por obstinarse en satisfacerlos. Los italianos no tienen nada que hacer en España.

Por lo que respecta al pueblo español mismo, el problema de su independencia se plantea así:

Los españoles bajo la dominación de Franco no reaccionarán contra una influencia alemana discretamente ejercida, aun sabiendo que de hecho quedarán convertidos en soldados de Hitler y que su misión no será otra que la de pelear por el triunfo de Alemania en una futura guerra europea. Esta hipótesis, por extraña que parezca, la aceptan los fascistas españoles como cosa fatal e ineludible. Es el precio con que han de pagar la victoria que deben a los alemanes. Y los españoles son buenos pagadores. La bien probada germanofilia del ejército español y la hegemonía de éste sobre el nuevo Estado son prenda segura de que España se pondrá incondicionalmente al servicio de Alemania.

Los españoles reaccionarán en cambio, violentamente, contra todo propósito de intervención permanente por parte de Italia. Es posible que cuando la guerra civil termine se queden en España unos millares de técnicos alemanes definitivamente instalados.

Italianos no quedará ni uno. De eso podemos estar bien seguros. No es previsible determinar cómo les echarán, pero que les echan es indudable. No se puede decir aún si se irán ellos por iniciativa propia, si les despedirá Franco pagándoles en libras esterlinas su cuenta o si les arrojarán a tiros los oficiales del ejército español, pero que no queda uno es una convicción firmísima que tenemos todos los españoles, lo mismo los rojos que los blancos. Es posible que las fuerzas legionarias, que así se llama en España a los italianos, se obstinen en considerar España como un país conquistado. Pero cuando surja la inevitable colisión no es verosímil que las legiones romanas dominen por el hierro y el fuego a las falanges españolas. Guadalajara fue una lección dada por los republicanos de la que se aprovecharán los nacionalistas si llega el caso. Por esto Mussolini, continuando la buena tradición italiana que convierte en victorias diplomáticas sus derrotas militares, trata de negociar ventajosamente en estos momentos vendiéndole a *Mister* Chamberlain, a buen precio, el desenlace poco halagüeño para él de su aventura en España.

A pesar de estos maquiavelismos, los italianos habrán hecho en España un negocio peor aún que el de Abisinia. Esto no será obstáculo para que desde el punto de vista de su prestigio internacional, Italia, a costa de su sangre y de acentuar su empobrecimiento, haya conseguido una gran victoria ideológica. La fascistización de España será la incorporación de una nueva fuerza de destrucción al aparato bélico que están forjando las potencias del régimen totalitario. Pero nada más. El fascismo triunfará en España, pero Mussolini no obtendrá de los españoles un solo pedazo de pan para los italianos. Éste es el triste destino de un régimen que ha podido cubrir a su reyecito con un anacrónico manto de emperador, pero no ha acertado todavía a aumentar en un gramo la ración del ciudadano. El día que toda Europa sea fascista, los italianos serán más pobres y más infelices que nunca.

Tienen, pues, cierta razón las grandes democracias al confiar en que los españoles no se convertirán nunca en una colonia. Pero si bien los españoles sabrán tener a raya las ambiciones de las potencias totalitarias en cuanto afecta a su integridad territorial y a su régimen interior, serán meros tributarios de Alemania e Italia en todo cuanto se refiera a las relaciones exteriores, en todo lo que sea proyección de España en el mundo. Se puede contar que a partir del día siguiente de la caída del gobierno de la República, los ejércitos alemán e italiano habrán aumentado sus efectivos con la totalidad de las fuerzas de guerra que España sea capaz de movilizar.

En este aspecto, la conquista de España es completa y definitiva. Nada de protestas ni de rebeldías. No hay que hacerse ilusiones. España pondrá todas sus energías, hasta el aniquilamiento, al servicio del fascismo internacional, por cuyas empresas guerreras se sacrificará gustosamente con esa vocación típica que siente el español por la cruzada, arrastrado por ese impulso quijotesco que lo llevó a andar guerreando desaforadamente por Europa hasta caer extenuado para propagar y defender la Iglesia de Roma. Se han resucitado los Tercios de Flandes y se les quiere infundir una nueva fe, una religión contemporánea.

El error de las grandes democracias consiste en creer que el nacionalismo español es algo equivalente al nacionalismo francés o inglés. El nacionalista español no es un defensor de la patria, sino un soldado de la fe. La raíz de nuestro nacionalismo no es lo pura y exclusivamente nacional, sino un internacionalismo militante y guerrero, la consagración de la patria a una empresa ecuménica para la que el español se considera providencialmente señalado. Esta empresa mesiánica, capaz de poner en marcha a los españoles, pudo ser la de la Internacional Comunista y va a ser en definitiva la del naciente imperialismo fascista.

Esta naturaleza peculiar del nacionalismo tradicional de los españoles, que consiste en arruinar y destruir la patria al servicio de empresas ajenas al verdadero interés nacional, es la que dicta el rumbo que va a seguir la intervención extranjera en España.

Si Alemania e Italia intentasen colonizar España, si hiriesen imprudentemente el sentimiento de la independencia nacional que caracteriza a los españoles, al día siguiente de derrotar a la República los invasores tendrían que volver a empezar la campaña de invasión en sentido inverso, luchando en esta segunda etapa contra sus aliados de hoy. Esto es, desgraciadamente, más que una ilusión engañosa que se hacen las grandes democracias europeas. Alemania no va a cometer el error de tratar a los españoles como a tribus rebeldes conquistadas. Si Italia tuviese todavía la veleidad de caer en tal error, los mismos españoles se encargarían de desengañarla.

Pero si la intervención extranjera no se presenta como una conquista, si los españoles creen que queda a salvo su honor, si Alemania e Italia les dejan libertad suficiente para hacerse la ilusión de que son independientes y soberanos, aunque en realidad no lo sean, si se les hace creer que el imperialismo fascista es el imperialismo español redivivo, no habrá en el mundo vasallos más fieles de Alemania e Italia que los españoles. Ni los cipayos ni los senegaleses les aventajarán en sumisión y lealtad. Imaginad unos cipayos o unos senegaleses capaces de creer de buena fe que son no los accidentales y secundarios defensores de la civilización, sino la civilización misma. Eso es lo que van a ser los españoles de aquí en adelante. Un millón de soldados al servicio de una causa que no es la de España, que no lo será, que no puede serlo jamás.

FRANCO,
UNA SEMBLANZA DEL CAUDILLO
La tragedia española
Bohemia, 2 de octubre de 1938

¿Quién es Franco? Providencial defensor de la civilización occidental, para unos, siniestro instrumento de la barbarie para otros, arcángel resplandeciente o genio del mal, salvador de su patria o traidor a ella, paladín caballeresco o asesino de inocentes, lo mejor y lo peor, todo cuanto puede decirse de un hombre se ha dicho de él.

La retórica, el énfasis, con que invariablemente se le alude le han convertido en un ser abstracto, un personaje deshumanizado, puro símbolo del bien o del mal. Es comprensible que los españoles, obsesionados por la guerra, hayamos hecho de él un mito, pero no se explica cómo la fría y serena mirada del extraño no ha sabido traspasar la aureola que le envuelve para descubrir los verdaderos rasgos del hombre tal cual es. Al cabo de dos años, el general Franco sigue siendo un motivo abstracto de polémica. Se está en pro o en contra de Franco, pero nadie se ha preocupado todavía en saber a ciencia cierta si Franco existe o no. Y si luego resulta que no hay tal Franco...

* * *

No vamos a negar la evidencia. Franco es hoy el amo indiscutible de la España nacionalista. Pero ¿quién es él, en sí mismo? ¿Qué hombre hay dentro de esa armadura refulgente con que se presenta ante el mundo?

Si se quiere dar una sensación exacta de quién es Franco, lo primero es prescindir de toda prosopopeya. Hay que usar un tono menor constante, del que estén excluidos las palabras altisonantes, los superlativos y todo el énfasis del castellano. Franco es lo que menos se parece a un gran hombre. No hay en toda su vida un solo rasgo de grandeza. Se puede desafiar a sus biógrafos a que lo señalen. Lo que más sorprende en este hombre es su absoluta normalidad. Sus íntimos, cuando quieren ser sinceros, dicen de él como máximo elogio que es un «hombre normal».

Así es, en efecto. Sus detractores le han atribuido los vicios más horrendos y sus defensores las virtudes más excelsas sin el menor fundamento ni unos ni otros. Franco es un hombre, como todos los hombres. Ésta es su verdadera fuerza. El secreto de Franco es su identificación con la masa, con esa muchedumbre mesocrática y mediocre que lo sostiene. El más mediocre de los ciudadanos españoles se encuentra representado con una fidelidad maravillosa en el ademán y el verbo del Caudillo.

Para ser verdaderamente justos es necesario quitar a las palabras todo el sentido peyorativo. Esta mediocridad fundamental de Franco no presupone su incapacidad para ninguna tarea por ardua y penosa que sea. Con la misma probidad con que ha sido un buen oficial y un perfecto marido, Franco puede serlo todo. Todo menos una cosa: un hombre superior. Su limitación no le impedirá desempeñar con eficacia la función que se le asigne. Estudioso, trabajador, tenaz y valiente, llegó a ser el máximo prestigio de la oficialidad del ejército español. Lo mismo podía haber sido el número uno en las oposiciones a registradores de la propiedad o al cuerpo de archiveros y bibliotecarios. Franco es el hombre de la carrera brillante. Si la Historia la hiciesen los números uno de las oposiciones, Franco sería el hombre de la España de hoy.

Pero la preparación profesional y el dominio de una técnica no bastan para poseer el sentido de universalidad que caracteriza al hombre superior. El sacrificio sistemático de la cultura humanística a la especialización y a la técnica hace que el especialista y el técnico, tan pronto como salen del cuadro de su actividad peculiar, sean unos bárbaros temibles, unas malas bestias espantosas. Éste es el caso de Franco.

Brillante oficial del ejército, técnico insuperable de la guerra, se encuentra un día con que las fuerzas superiores que rigen el país se hallan en crisis y, espoleado por su ambición, se cree capaz de sustituirlas; como única solución a su alcance, decreta la guerra, que es lo que sabe hacer, pero con tan desastrosa oportunidad que, en definitiva, ni siquiera la guerra misma puede ganar.

* * *

Este grave daño de la especialización no explicaría suficientemente el caso de Franco si no se diese en él otra circunstancia puramente personal que ha sido funestísima para España. Franco es un hombre sin imaginación.

Si Franco hubiese podido imaginar las consecuencias fácilmente previsibles, casi fatales, de cada una de sus resoluciones, se puede asegurar que no las hubiese adoptado. Si hubiese sido capaz de imaginar que, al dar a los fascistas las armas que había en los cuarteles de los regimientos sublevados, también el gobierno podía dar las que tenía a los comunistas y anarquistas; si al decretar el terror blanco para salvar la rebelión militar fracasada (pura escuela de Lenin), hubiese imaginado lo que iba a ser el terror rojo; si al convertir el movimiento contrarrevolucionario español en cruzada internacional antidemocrática para ganarse el apoyo de Alemania e Italia se hubiese representado con exactitud el alcance de la reacción universal contra el imperialismo de los países totalitarios, es indiscutible que Franco no hubiese hecho nada, absolutamente nada, de lo que hizo. ¿Hoy mismo, seguiría la guerra si Franco pudiese concebir con claridad la situación en que va a encontrarse España después de su triunfo? No; la guerra sigue porque Franco, hombre sin imaginación, no acierta a representarse la paz, no concibe que ésta sea posible. Prisionero de su técnica, no cree que haya más posibilidad que la guerra; la guerra civil hoy, la guerra europea mañana.

¿Cuántos millares de muertos son necesarios todavía para redimir a este hombre sin imaginación?

Esta amputación de la facultad imaginativa que caracteriza al general Franco no es un grave inconveniente para el ejercicio de una técnica o una profesión cualesquiera en sus grados medios. Hay meritísimos hombres de ciencia y excelentes coroneles con poca o ninguna imaginación. Franco hubiera podido ser incluso el realizador eficaz de una determinada política militar. En manos de Mussolini puede ser tan estimable como el mismo general Graziani. Si la república española hubiese sabido utilizarle y él se hubiese plegado a servirla lealmente, la patria hubiese tenido que estar agradecida a sus virtudes.

Ahora bien, este hombre sin imaginación colocado en la cima del Estado, en un momento de crisis de los valores nacionales, es una espantosa catástrofe para su patria.

Cuando el mundo, horrorizado por las devastaciones de la guerra civil, alza su protesta indignada, los partidarios de Franco arguyen que los daños materiales y la pérdida de vidas humanas no representan nada ante el porvenir de la patria inmortal. «España —dicen— no está dentro del grupo de edificios que pueda destruir un bombardeo aéreo, ni siquiera en las vidas de los españoles caídos en la lucha. España, la España imperial, es la idea que de ella se ha forjado en la cabeza del Caudillo».

Pues bien, en la cabeza de este hombre sin imaginación no hay ninguna idea de España. ¿Puede concebirse mayor tragedia para un pueblo?

* * *

Todo su sistema ideológico consiste en la adaptación a la España actual de la doctrina del Estado totalitario importada de Alemania e Italia, que él cree posible anudar con la tradición del Imperio español del siglo xvi.

Resucitar la España imperial con el apoyo de Alemania e Italia, y a expensas de las potencias del régimen democrático, es la ardua misión histórica que el general Franco se ha propuesto.

Se dirá que para concebir este propósito hace falta una imaginación poco común. Efectivamente, esta imaginación superabundante era la de un muchacho andaluz, intelectual desesperado y patético que fue fusilado en Alicante por el gobierno de la República, José Antonio Primo de Rivera.

* * *

Como todo hombre sin imaginación, Franco es cruel. Hay la creencia errónea de que la crueldad es un producto de la imaginación; se habla siempre de refinamientos de crueldad y se concibe al hombre cruel como un genio del mal, pero en la realidad la crueldad no es más que una ausencia mental, una falta de imaginación. Esto fue lo que llevó a Franco a decretar el terror para salvar el fracaso a que estaba condenada la sublevación militar. No supo representarse lo que iba a ser en España —lo mismo en la España blanca que la roja— esta apelación a los asesinos, y, por pura incapacidad imaginativa, lanzó a sus hombres a disputar con los asesinos de la FAI un campeonato que a estas horas es difícil saber a qué equipo debe adjudicarse.

* * *

Desde el punto de vista racial, Franco es un tipo perfecto de judío armenoide que si bien no puede ser excluido de la comunidad de la raza española, jamás podrá erigirse en campeón de un celtiberismo tardío y súbitamente antisemita. El antisemitismo del general Franco, que obedece a una reacción característica del semita cuando se siente incorporado definitivamente a una fe y una patria, se apoya exclusivamente en un error; el de creer que es posible anudar el antisemitismo germánico actual con la persecución religiosa que los Reyes Católicos hicieron contra los judíos. El hombre nórdico de las elucubraciones hitlerianas odia al judío sólo por ser judío; el español del siglo XVI le odiaba no por ser judío, sino por haber sido deicida. Hace cuatro siglos los españoles hicieron eso que están haciendo ahora los alemanes, pero no porque el judío representase un peligro para la pureza de la raza española, sino porque era el adversario de la fe. Precisamente porque no se trataba de una incompatibilidad racial, sino de una cuestión religiosa, el judío converso fue fácilmente incorporado a la pujante nacionalidad española. Y gracias a esta tolerancia relativa puede hoy el general Franco hacer lo que seguramente harían muchos judíos alemanes si les dejasen vivir en Alemania con la misma libertad con que los antepasados de Franco vivieron en España: antisemitismo.

* * *

El talón de Aquiles de Franco es su falta de espíritu cristiano. De la universal incomprensión, que tanto le ha beneficiado, hay que exceptuar la agudeza de percepción de un pequeño núcleo de intelectuales católicos, los únicos que han acertado a descubrir su verdadero visaje de anticristo disimulado y vergonzante.

Todas las mañanas, antes de poner mano a su horrible tarea, el generalísimo oye devotamente la santa misa y todas las noches se encomienda fervoroso al Ángel de la Guarda y a la Virgen María después de aprobar el parte de operaciones de la jornada, en el que se consigna triunfalmente el número de cadáveres de enemigos recogidos en el campo de batalla. La *sancta simplicitas* del vulgo católico español se satisface con estas demostraciones rituales y otorga a Franco el título de «defensor de la fe». Al ojo certero de un inquisidor del siglo XVI no se le hubiesen escapado ni la irreligiosidad fundamental del Caudillo ni las proposiciones francamente heréticas en que se basa su Estado.

Los jerarcas actuales de la Iglesia española saben también que no pueden hacerse ninguna ilusión sobre la catolicidad de Franco, pero le siguen sumisos y acólitos agarrándose desesperadamente a la teoría del mal menor, porque la Iglesia es hoy, en la España nacionalista, más débil que lo que ha sido nunca en España. Esos obispos que levantan el brazo dócilmente para saludar a la manera romana no ignoran que la servidumbre a Franco equivale para ellos a vender su alma al diablo. El interés eterno e inmutable de la Iglesia les exige hasta este sacrificio. Ponen su única esperanza de salvación en que Franco es perecedero. Los obispos españoles esperan que Franco perezca antes que ellos y que les dé tiempo para haber rescatado sus almas cuando les llegue la hora de rendirlas al Creador. Y conste que algunos son octogenarios.

* * *

Frente a la revolución, Franco es invulnerable. Todas las armas que utiliza el revolucionario las esgrime Franco con igual destreza y mayor impiedad. La rebelión contra el poder constituido, el ejercicio sistemático del terror, la destrucción del orden establecido, el despilfarro de la riqueza nacional, la ruptura de los compromisos internacionales, todo lo que el revolucionario cree lícito, para hacer su revolución, lo practica Franco para no hacerla. Esto es lo único que el revolucionario puede reprocharle: que no la haga.

En cambio, el no revolucionario puede pedirle cuentas de todo lo demás, tanto del estrago material que con su acción ocasiona como de los valores espirituales que para su triunfo no vacila en sacrificar. Si para vencer a la revolución, Franco ha incurrido en todos los pecados de la revolución misma, si no hay error ni crimen revolucionario que no haya cometido, ¿cuál es el fundamento moral de su acción contrarrevolucionaria?

Desde la trinchera de la revolución, Franco es invencible. Desde el punto de vista de la contrarrevolución está, en cambio, virtualmente derrotado. El nacionalista puede reprocharle el haber provocado una doble invasión extranjera; el conservador puede considerarse defraudado desde el momento en que no le ha dejado nada que conservar; el tradicionalista puede pedirle cuentas de sus veleidades seudorrevolucionarias y extranjerizantes y el católico puede, con harta razón, alzarse contra el aprovechamiento de sus creencias como arma de guerra civil a favor de un sistema político decididamente anticristiano y anticatólico.

* * *

Hay en la vida de Franco tres momentos críticos que revelan la trayectoria rebelde de su espíritu, su íntima sublevación contra la realidad de la patria española que no se ajustaba al esquema que de ella había trazado su mentalidad estrecha de oficial ambicioso e inculto. La Historia dirá que Franco se sublevó el 18 de julio de 1936, porque un gobierno republicano mediatizado por las fuerzas revolucionarias había permitido el asesinato de Calvo Sotelo, pero la rebeldía de Franco contra el país real es muy anterior a todos los pretextos que se han invocado luego para justificar la sublevación militar. El rebelde existía en potencia y sólo esperaba la ocasión propicia para manifestarse.

El primer choque de la ambición personal de Franco se produjo ya en tiempos de la Monarquía y precisamente contra la dictadura militar. Hubo un momento en el que el general Primo de Rivera, dictador de España, creyó prudente y patriótico poner un término a la aventura de Marruecos, que desde hacía veinte años era una sangría constante para el país. Tropezó con la oposición del ejército de África a su política abandonista. Fiado en su prestigio personal y en su autoridad de dictador hasta entonces indiscutible, Primo de Rivera fue personalmente a Marruecos y reunió en el campamento de Ben Tieb a los jefes y oficiales de la Legión, creyendo que podría reducirles a la obediencia. Le recibieron en franca rebeldía, con cartas subversivas en los parapetos y el puño apoyado en el revólver. Cabecilla de la rebelión, el teniente coronel Franco hizo saber al dictador cuál era la voluntad inquebrantable de la oficialidad de las tropas coloniales, contraria en absoluto a la del gobierno.

Aquel día sucumbió moralmente la dictadura del general Primo de Rivera que algún tiempo después había de arrastrar en su caída a la Monarquía del rey Alfonso XIII. La guerra de Marruecos siguió, y seguiría aún para la gloria y provecho de la oficialidad española si el gobierno francés no hubiese decidido acabar de una vez con la rebeldía de Abd el-Krim llevando a España a una acción conjunta y decisiva. ¿Es ésta una de las causas de resentimiento de Franco contra Francia? El desembarco de Alhucemas, llevado a cabo con la colaboración de la escuadra francesa, y la entrega de Abd el-Krim a los oficiales del ejército francés frustraron las ambiciones bélicas de los militares españoles, al reducir a una simple operación de policía lo que debía ser una larga y costosa campaña pródiga en recompensas y ascensos. Para Franco, como para la generalidad de los oficiales españoles, la colaboración con el ejército francés en Marruecos es un menoscabo, una enojosa limitación puesta a sus ambiciones de conquistadores.

* * *

Otro de los momentos críticos de la vida de Franco es el de la disolución por la República de la Academia General Militar. Terminada la campaña de Marruecos, Franco se había encargado de resucitar en Zaragoza la antigua Academia General y se aplicaba fervorosamente a crear un cuerpo de oficiales de élite. Desde el punto de vista exclusivamente militar, la Academia era perfecta, pero la estrecha limitación profesional de Franco, su falta de sentido de universalidad y, en definitiva, esa carencia de cultura humanística que le caracteriza convertían al oficial que salía de sus manos —profesionalmente irreprochable— en un elemento perturbador y nocivo para la vida del Estado; entre los fines esenciales de éste y el espíritu de los cadetes educados por Franco, la colisión era flagrante. Franco sabía hacer excelentes oficiales, pero era incapaz de reducirles a ser buenos ciudadanos y leales servidores del Estado, fuese republicano o monárquico, de derechas o de izquierdas, revolucionario o reaccionario.

Azaña decreta entonces la disolución de la Academia, pero Franco, al despedirse de sus cadetes, les emplaza para cuando llegue la hora en que tendrán que cumplir el Destino que él les ha asignado. En tres años han salido de la Academia General setecientos oficiales que van a ser el núcleo de la futura sublevación contra la República. Ésta no se equivocaba al clausurarla: los oficiales se habrían rebelado igualmente contra cualquier otro régimen que no se hubiese plegado al espíritu de casta que se les infundía.

A partir de este momento, Franco se halla en rebeldía contra el Estado republicano y esperando sólo a que suene su hora.

* * *

Antes de que ésta llegue, Franco quiere adelantarla y, apenas conocido el triunfo del Frente Popular en las elecciones de 1936, llama por teléfono al general Pozas, jefe de la Guardia Civil, y pretende arrastrarle al golpe de Estado. «Las masas están en la calle y temo que se produzcan excesos», le dice. «No pasa nada anormal y creo que sus temores son exagerados; yo respondo del orden público», le replica el general Pozas. Franco se dirige entonces al ministro de la Guerra y al jefe del gobierno incitándoles a declarar inmediatamente el Estado de Guerra. Sabe que esta declaración equivale a un golpe de Estado dado desde el mismo gobierno, y comienza a tramitar sus instrucciones personales a los generales de divisiones para crear un estado de cosas irremediable, pero el jefe de gobierno, vacilante al principio, se opone luego resueltamente a la maniobra, y el propósito de Franco se frustra. Al día siguiente está en el poder un gobierno que constitucionalmente refleja el resultado de las elecciones. No le queda más que un recurso: la guerra civil.

* * *

Para desencadenarla contaba Franco con una fuerza subversiva que por sí sola no hubiese sido nunca nada, pero que con el apoyo del ejército bastaba para aterrorizar al país y someterlo a su voluntad: Falange Española, el naciente fascismo español.

En beneficio de esta fuerza fascista hizo Franco la sublevación, y a ella le entregó el poder desde el primer día, desdeñando a las fuerzas socialmente conservadoras del país, en cuyo nombre se había sublevado, para venir a apoyarse en el fascismo internacional, cuyas ambiciones en el Mediterráneo y en el norte de África le han permitido sostener durante dos años una guerra contra su propio pueblo sin más finalidad que la de instaurar en España un poder personal y arbitrario, que no va a ser en definitiva ni siquiera el de los delirantes de Falange Española — ¡pronto le llegará la hora de la decepción a los falangistas!—, sino el de este militar incapaz, funesto para su patria, que se ha convertido en el ciego instrumento del imperialismo de las potencias de régimen totalitario.

Éste es el hombre.

LA GUERRA ESTÚPIDA
22 de noviembre de 1938

El texto a continuación cierra el reportaje titulado «Los secretos de la defensa de Madrid», que fue publicado en diecisiete entregas, entre el 5 de agosto y el 22 de noviembre, por la revista mexicana Sucesos para todos.

En este punto y hora termina la defensa de Madrid, propiamente dicha. Madrid pasa ahora a la ofensiva. El enemigo, perdida ya la ilusión de entrar triunfante en la capital de España, no aspira más que a conservar las posiciones conquistadas.

Desde los primeros días de febrero hasta la segunda quincena de marzo se desarrolla la formidable ofensiva del ejército republicano, dotado ya de una organización comparable a la de cualquier ejército regular. Contando con las Brigadas Internacionales como fuerza de choque, y con material de guerra abundante y modernísimo suministrado por la URSS, los rojos toman la iniciativa y se lanzan al asalto de las posiciones fascistas de la Ciudad Universitaria, que son la garra que Madrid tiene clavada en el cuello.

La batalla, iniciada exactamente el día 4 de febrero, es incesante a lo largo de todo este mes y parte del siguiente. Hay muchas jornadas en las que se lucha durante ocho o diez horas seguidas. Las oleadas de asaltantes se estrellan contra la resistencia de las tropas rebeldes. Son volados con dinamita todos los edificios que han convertido en fortalezas los fascistas: la Escuela de Ingenieros Agrónomos, el Hospital Clínico, la Fundación del Amo, todos. Es inútil. Entre los escombros humeantes los supervivientes resisten.

Los dos ejércitos se quedan al fin jadeantes y agotados el uno frente al otro. De nada ha servido la carnicería. Ni los rebeldes han entrado en Madrid ni la República ha derrotado a los rebeldes. Y allí siguen, impotentes e invictos. La guerra habrá de decidirse en otra parte.

Por encima de la pasión partidista, hay que inclinarse ante la bravura de unos y otros. Que nadie, sin embargo, quiera sacar de la incuestionable tenacidad de aquellas tropas ninguna consecuencia favorable a un determinado designio respecto del porvenir de España. Ninguna de aquellas dos aglomeraciones heroicas podía tremolar el verdadero pabellón español. En aquella batalla de la Ciudad Universitaria se hallaron frente a frente los hombres que representaban genuinamente las fuerzas de destrucción de Europa, la horda que amenaza destruir nuestra civilización.

Esa mala levadura que hay en el comunismo y en el fascismo, así como en la barbarie anárquica o autárquica y en el internacionalismo revolucionario o el nacionalismo reaccionario, fue la que hizo morir y matar a aquellos millares de bárbaros que se acometieron como fieras rabiosas precisamente en el terreno que España había destinado a los más soberbios templos de la cultura que se habían erigido en Europa. No por demasiado fácil es desdeñable el simbolismo de que fuese allí precisamente, en la Ciudad Universitaria, donde el destino quiso que se afrontasen las dos modernas concreciones de la humana bestialidad.

Unos y otros claman que son ellos la civilización y la cultura y que sus adversarios son la única fuerza de destrucción, la verdadera potencia del mal. No se puede creer, sin embargo, que un salvaje cabileño de los confines del desierto, parapetado detrás de la ventana de un laboratorio de investigación del Hospital Clínico, que para él tiene el mismo valor que un risco de sus montañas del Atlas, sea el depositario de la civilización occidental; ni siquiera que sea su agente defensor, con mejores títulos que un analfabeto extraído del fondo de una mina o una cantera de cualquier país balcánico, para colocarlo con un fusil ametrallador al brazo en la biblioteca de la Facultad de Filosofía y Letras.

La verdad es ésta. Los heroicos y gloriosos ejércitos que luchaban en la Ciudad Universitaria estaban formados con la escoria del mundo. Basta fijar los ojos en la lista de las fuerzas que los componían. Frente a la Brigada Internacional de los rojos, la Novena Bandera del Tercio Extranjero de los blancos, una y otra, receptáculo de todos los criminales aventureros y desesperados de Europa. En oposición a la funesta Internacional Comunista y a su barbarie del nacionalismo más salvaje, ni siquiera europeo, el nacionalismo musulmán al servicio de los militares sublevados. La guarnición de las posiciones que defendían los facciosos en la Ciudad Universitaria estaba formada concretamente por el tercero y quinto tabores de Regulares de Alhucemas —es decir, los antiguos guerreros de Abd el-Krim—, el quinto tabor de Regulares de Ceuta y el quinto tabor de Regulares de Larache. Estos millares de salvajes guerreros africanos fueron, con la famosa Novena Bandera del Tercio Extranjero, la fuerza de choque que pusieron los rebeldes frente a los anarquistas y los comunistas de toda Europa que se habían dado cita en aquella trinchera de Madrid.

¿Que no era esto sólo? ¿Que había también españoles a uno y otro lado? Es cierto; desgraciadamente cierto. Hombres de España, genuinos españoles, tipos representativos de nuestra vieja raza, los mejores quizás, los más fuertes, los más honrados, han caído a las puertas de Madrid asesinados no por las balas de los fusiles extranjeros que disparaban unos bárbaros, sino por la infinita estupidez de quienes siendo españoles atrajeron a España a las potencias destructoras de Europa, a las fuerzas del mal, a las monstruosas concepciones de odio que ha ido formando esa nueva barbarie del Estado totalitario, rojo o blanco, comunista o fascista.

El origen de la guerra no es español, no puede ser imputable a los españoles. No hay más culpa española que la de los dirigentes infames que brindaron la tierra de España a la barbarie y abrieron las puertas de su país a la doble y antagónica invasión extranjera. Lo español es acaso el encarnizamiento, la innegable crueldad, el tesón, que el hombre de España pone siempre en defender la causa que abraza. Soldado de la fe, siempre, el español se ha hecho matar, ahora por el dogma de la revolución o el de la autarquía como antes se hacía matar por el dogma del catolicismo.

Ese hombre de España que ha sido asesinado por el comunismo o por el fascismo es lo único respetable de esta guerra estúpida que el pueblo español, de por sí, no hubiese hecho si unas tropillas de españoles cretinos y traidores no le hubiesen arrastrado a ella criminalmente. ¡Que no pretendan ahora encaramarse sobre ese millón de muertos españoles para consagrar definitivamente su estupidez criminal!

España no será comunista ni fascista. La mayor infamia que se puede hacer aún con el pueblo español es la de tremolar triunfalmente sobre el inmenso cementerio de España cualquiera de esas dos banderas que, siendo ambas extranjeras, han hecho derramar tanta sangre española.

ESPAÑA, TRISTE COLONIA
DE UN IMPERIO QUE NO EXISTE
Bohemia, 22 de agosto de 1943

El texto a continuación, fechado cuatro años después del final de la Guerra Civil, y en plena Segunda Guerra Mundial, cuando la balanza parecía comenzar a inclinarse del lado de los Aliados, fue escrito por Chaves Nogales en Inglaterra, donde se había exiliado tras la caída de Francia.

Pensar en la situación de Europa inmediatamente después de la guerra es asomarse al abismo. Lo que asusta no es la reconstrucción material de lo que físicamente ha sido destruido, sino la reedificación moral, la reeducación espiritual de unos pueblos cuyos resortes morales se han roto.

Esa revolución del nihilismo que han hecho los regímenes totalitarios lo ha arrasado todo, ha hecho tabla rasa del espíritu europeo. Han empleado como proyectiles para tirarlos a la cabeza de quienes se les oponían todas las grandes concepciones del espíritu, las piedras fundamentales del edificio de nuestra civilización, el patriotismo, la religión, la familia. Todo ha servido como arma arrojadiza, todo ha sido disparado con la honda de los micrófonos del doctor Goebbels.

Para defender la barbarie totalitaria han sido movilizadas las fuerzas morales con la misma impiedad que las fuerzas materiales, y se ha pretendido agredir con el cristianismo a cristazo limpio, con el espíritu de orden a golpe de ordenanza y con la tradición arrancando de cuajo sus sillares para hacer con ellos piedras de catapulta.

Se ha esgrimido la patria como si fuese la quijada de burro de Caín; se ha hecho de la raza el uniforme del combatiente; las jerarquías espirituales se han convertido en galones y entorchados militares, y la familia ha vuelto a ser el clan, el pueblo la tribu y el hogar la caverna del troglodita. Este es el nuevo orden.

Todo ha sido aniquilado por esas fuerzas de destrucción engendradas en el centro de Europa, y ahora, cuando termine la guerra, vamos a encontrarnos con que en los países liberados, cuando se liberen, el mayor estrago no va a ser el saqueo sufrido, ni las matanzas cometidas, ni el destrozo que hayan ocasionado las bombas explosivas, los puentes rotos, las casas en ruinas, las fábricas arrasadas (eso lo remediará pronto la industria de los hombres, creadora infatigable de riqueza material), sino el estrago moral que la humanidad no sabe reparar sino lenta y difícilmente, invirtiendo siglos en conseguir el más mínimo progreso.

Las referencias de la vida actual en la Europa sometida a la dominación o la influencia del totalitarismo que llegan hasta este último baluarte de la civilización occidental que es Gran Bretaña coinciden en denunciar el estrago moral, la corrupción de los pueblos europeos que llevan ya tres años pudriéndose en la abyección moral de una servidumbre oprobiosa. Dentro de las reglamentaciones inflexibles del nuevo orden, bajo la disciplina férrea de la Gestapo, Europa se deshace podrida hasta la raíz.

Uno de los ejemplos más característicos del poder disolvente de las doctrinas totalitarias es el caso de España, que ni siquiera ha entrado en la guerra, aliada no beligerante del totalitarismo. Un observador, amigo de España y admirador de sus tradiciones, hombre conservador e incluso simpatizante del régimen instaurado por el general Franco, a quien se había obstinado en ver como un *christian gentleman,* ha regresado días atrás de un largo viaje por la Península y me habla de la vida española actual con toda la objetividad de que es capaz.

—Lo más triste de España —dice— no es la pobreza ni la crueldad. Los mendigos que merodean por las estaciones pidiendo a los viajeros un pedazo de pan y los policías que cargan cruelmente contra ellos para evitar el bochornoso espectáculo y esconder la miseria pudieran ser simplemente un episodio, la triste consecuencia de un circunstancial empobrecimiento del país debido a la guerra civil primero y a la guerra mundial después. Eso podría resolverse tan pronto como las circunstancias cambiasen. Lo más grave es la desmoralización total del país, la pérdida, no ya por los hambrientos sino por todas las clases sociales, de aquellos altos valores sociales que fueron legítimo orgullo del español, aun en sus épocas más calamitosas. Aquella casta de hidalgos que soportó, digna y altivamente, el derrumbamiento del imperio colonial se extingue y avillana en la insolvencia y la inmoralidad fundamental del gregarismo totalitario, que no impone al individuo más obligación moral que el culto al Estado, divinidad bárbara en la que el español ni cree ni ha creído nunca.

Es un error de la propaganda antitotalitaria señalar la miseria y la crueldad como los dos grandes males de la España de hoy. Hay algo peor. La pobreza, la miseria, el hambre las comparten hoy los españoles con todos los pueblos de Europa que se hallan bajo la influencia o dominación del hitlerismo. Es evidente que en Grecia están peor que en España. La crueldad también ha llegado a ser connatural en los regímenes totalitarios. Por monstruoso que parezca, los crímenes de Estado, los fusilamientos, deportaciones, encarcelamientos, los campos de concentración, los asesinatos son la normalidad, algo tan consuetudinario que las gentes, curadas de espanto, se encogen de hombros y lo aceptan con la misma resignación e indiferencia con que se aceptan los estragos naturales, los azotes y plagas que manda la Providencia. Aquella época arcaica del liberalismo en la que un jefe de Estado dimitía por no firmar una sentencia de muerte se nos antoja hoy una fabulosa edad de oro.

En la crueldad y en la miseria, se sirve normalmente, porque la capacidad de adaptación del ser humano parece ilimitada. Es más, esa crueldad fundamental no excluye la exaltación de ciertas formas convencionales del humanitarismo: el Socorro de Invierno, el Auxilio Social, la protección a la infancia y a la maternidad, etc. Tampoco la miseria general es obstáculo para que subsista una cierta apariencia de bienestar, un desapoderado anhelo de disfrutar alegremente de lo que por azar y superando las circunstancias adversas se posee. España da hoy la sensación de ser el pueblo más despreocupado y alegre del mundo. Los viajeros que frecuentan los grandes hoteles, las playas y demás lugares de placer dicen, y no mienten, que nunca han visto una España tan despreocupada y dispendiosa.

En el centro de las grandes urbes, Madrid, Barcelona, hay una zona privilegiada en la que no se carece de nada, corre el dinero con más liberalidad que nunca, todo se compra y se vende, la vida fluye intensa y atropelladamente con un ansia incontenible de goce y bienestar. En torno a esta zona de privilegio donde se encuentran los restaurantes más caros y bien surtidos de Europa, hay en cada una de esas dos ciudades una cintura humana de un millón de hambrientos apelotonados, dócilmente dispuestos a satisfacer el capricho del que tiene con qué pagar.

La situación de España es hoy análoga a la de esas colonias de los confines de África en las que una pequeña guarnición bien armada y abastecida tiene a raya a millones de indígenas hambrientos que, huyendo de la miseria del desierto, vienen a merodear en torno a la fortaleza que no son capaces de asaltar, teniendo que contentarse con las sobras del rancho que los furrieles sacan fuera de la muralla. Esta triste colonia de un imperio que no existe es la España de hoy.

El rebajamiento moral de la masa popular española reducida a tan vil condición es mucho más alarmante que su miseria material. La corrupción ha ido ganando a todas las clases sociales, y lo que nunca, ni en los peores momentos de su historia, había perdido el español —su entereza, sus convicciones, sus valores morales— va disolviéndose en una servil abdicación del individuo en el Estado. Esta abdicación del individuo en el Estado, esta disolución, es mucho más grave que todo el estrago de la guerra civil y mucho más funesta que todas las revoluciones. España es hoy un pueblo sin fe, un pueblo corrompido, donde ninguna virtud subsiste, donde todo se compra y se vende, un pueblo en liquidación donde el exterior acatamiento a unos ritos impuestos por la fuerza no evita el proceso de descomposición interior de un organismo social minado por el virus del totalitarismo.

Este ejemplo de España, que es el que con más aguda percepción podemos nosotros ver, es lo que nos hace asomarnos al porvenir de toda Europa como a un abismo. En esta guerra se ha destruido algo más que los cuerpos y los bienes. Se ha aniquilado también el alma de los pueblos.

ÍNDICE ONOMÁSTICO

ESTA PRIMERA EDICIÓN
DE «LA GUERRA CIVIL»,
DE MANUEL CHAVES NOGALES,
SE TERMINÓ DE IMPRIMIR
EN BARCELONA
EN EL MES DE NOVIEMBRE
DE 2025

TÍTULOS PUBLICADOS